इस हृदय के निलय में

इच्छा, संघर्ष ,सुख

राज कुमार जायसवाल

अपने आराध्य मर्यादापुरुषोत्तम श्री सीताराम जी,
ममतामयी माँ शारदे, पूज्य मात-पिता, अपनी प्रिय
पत्नी और उन सभी काव्य-कला एवं भाव सम्पन्न कवि-
कवयित्रियों को समर्पित, जिनकी करुणा-कृपा-प्रेम-प्रेरणा
से ही मैं अकिंचन अपने भावों को रस समझकर पाठकों
के समक्ष रख पाया।

क्रम-सूची

क्रम-सूची

प्रस्तावना

शृंगार रस और भक्ति रस मानव को हमेशा से लुभाते रहे हैं। शायद इसलिए कि, शृंगार आत्मीयता लाता है, और भक्ति आत्मसात कर देती है। ये दोनों रस सृष्टि की मनोहर रचना के द्योतक हैं।

'इस हृदय के निलय मे", राज कुमार जायसवाल जी की नयी कृति है। भक्ति और शृंगार से भरी छंदबद्ध कवितायें न सिर्फ कवि के हृदय को टटोलती हैं बल्कि पाठकों के मन को भी स्पर्श करते हुये आगे बढ़ती हैं। ईश वंदना से आरंभ हुयी कविता शृंगार तट के किनारे संयोग और वियोग रस से मचलती हुयी आगे बढ़ती है। वाग्देवी का आशीर्वाद लेकर और भगवान राम के चरणों मे सिर नवा कर कवि अपने काव्य के व्यक्तित्व का परिचय काव्य भाषा मे ही दे देता है-

सुलझी बातें हों छंदों सी, लय-माधुर्य न खोवे।

इस जीवन में तेरा मेरा, प्रीत गीत सा होवे।

राज कुमार जी, शिक्षक हैं । अतः जीवन की सादगी, सरलता तथा शब्दों और भावों की शालीनता उनकी प्रत्येक रचना मे मिलती हैं। भक्ति रस मे डूबी रचनाएँ दासत्व भाव लिए हैं-

चाहे ठोकर ही खाऊंगा अंतिम यह परिणाम रहे।

गिर जाऊं तो भी थामेंगी श्री रघुवर की बाहें।

भगवान राम के प्रति प्रीति, भक्ति और आसक्ति उनकी किसी भी रचना मे मिल जाती है। शृंगार मे भी वह राम की दुहाई देते हैं। सात्विक प्रेम पूजनीय होता है और भक्ति भावना उभरने लगती है। कहीं कहीं तो शृंगार और भक्ति इतने नजदीक हो जाते हैं जैसे लगता है कि वह कबीर बन कर कह रहे हों - *"राम मोर पिउ, मैं राम की बहुरिया"*। उन्हीं के शब्दों मे -

तर्पण में कुछ तड़पन भी है। अर्पण में कुछ अड़चन भी है....

द्वंद्व यही उभरी उभरी है, तुमको याद किया जब भी।

उनकी शुद्ध शृंगार की कवितायें निश्छल हैं समर्पण भाव लिए हैं और हृदय को स्पर्श करते हुये शब्द पाठकों के मन को तरंगित कर देते हैं। प्रकृति प्रेम, राज कुमार जी की कविताओं मे जगह जगह उभरता है जो कविताओं को हरियाला बना देता है-

जीवन के नभ से सूने में, इंद्रधनुष सी छाती हो।

एक हिरन बन जीवन वन में, इत-उत आती-जाती हो।

प्रणय निवेदन पीर भरी है, तुमको याद किया जब भी।

गाँव से शहर की दौड़ और चमकीली धूप से चकाचौंध आँखें, कुछ दिन तक ही अच्छी लगती है। प्रकृति के आनंद से दूर, कृत्रिमता, और आदमियों के जंगल मे जो कुछ भी दिखता है उसे बखूबी, राज कुमार जी ने अपनी कुछ कविताओं मे उकेरा है और वह लिख बैठते हैं -

गाँव का साँवला छाँव सा साँवला।

धूप सी रूप में खो गया बावला।

सिर्फ खो जाने की बात ही नहीं, शहर की अंधाधुंध दौड़ और सीमाबद्ध दीवारों से जकड़े मानव की मजबूरी उसे एक छोटे जार मे दौड़ती हुयी मछली की तरह बना देती है, शहर का जीवन-दर्शन उनकी इन चार पंक्तियों मे सशक्त उभरा है -

काँच के जार में, दो चार मछलियाँ।

चारा है, पानी, पर बे-धार मछलियाँ।

जीवन शृंगार और भक्ति के सहारे भी सरलता से नहीं कटता। संघर्ष जीवन का अनिवार्य अंग है जो मनुष्य को कमजोर बना देता है। हताश हो कर कवि लिख बैठता है -

अभिलाषाएं - आशाओं की,जलती लाख चिताएँ।

अपना दुख रोने को आखिर,किस कंधे को जाएँ।

लेकिन निराश हो कर जीना तो समस्या का हल नहीं है। कवि स्वयं को सांत्वना देकर, स्वयं को ईश्वर का वरदान मान कर कह उठता है -

मेरे पौरुष को डरने का, तनिक अभी अधिकार नहीं है।

इस जीवन में हार नहीं है।

जीवन की तमाम गतिविधियों मे डूबते उतराते जब यह पता चले कि अवध के लल्ला, घर आए हैं तो सभी भक्तों का मन उन्हें देखने के लिए आतुर हो उठता है। सजल नेत्रों वाले मधुर मुस्कान लिए लल्ला राम की वह छबि सामने आ जाती है जब "तुलसीदास चन्दन घिस्यो, तिलक देहि रघुबीर"। अवध मे राम वापस आए हैं और रामभक्त राज कुमार जी का मन उन्हें देखने को व्याकुल न हो, ऐसा तो हो नहीं सकता। अपनी व्याकुलता को उन्हों ने "मेरे राम आए" और "मुझको अवध बुला लो राम" जैसी भक्ति और दासत्व भरी कविताओं मे व्यक्त किया है।

राज कुमार जी की इन कविताओं को यदि "कन्यावत कवितायें" कहा जाय तो मेरे विचार से अधिक उपयुक्त होगा। एक कन्या की तरह उनकी इन कविताओं मे सौंदर्य है, दिव्यता है, भक्ति है, विरह की पीर है और मिलन का आनंद है। निश्छलता, सरलता, तरलता और मधुरता के रसीले भावों से भरा यह काव्य संग्रह, छंदों के नियमों, उपनियमों का पालन करता है।

जहां आज कल हिन्दी मे छंदबद्ध कविताओं की कमी हो रही है लोग, अकविता, नयी कविता और गजल की ओर अधिक झुक रहे हैं वहाँ राज कुमार जायसवाल जी की यह पुस्तक "इस हृदय के निलय में", छंदबद्ध कविताओं का आकर्षण लेकर आई है, जिसमे लालित्य है, जो मन को आनंदित करता है। आशा है, पाठकगण इस पुस्तक की कविताओं का भरपूर आनंद उठा सकेंगे।

मैं राज कुमार जी को उनके इस कृति के लिए बधाई देता हूँ और आशा करता हूँ कि भविष्य मे भी वह अपनी रचनाएँ पाठकों तक पहुंचाते रहेंगे।

प्राणेन्द्र नाथ मिश्र

(इंजीनियर, कवि एवं लेखक)

3/ 1 CD नैचुरल हाइट्स

137, वी आई पी रोड

कोलकाता - 700052

मो: 9831213611

भूमिका

जीवन अपने आप में एक वरदान है। उस पर कविताएं भी वरदान ही हैं। मेरी निजी धारणा है कि जीवन चार पुरुषार्थों - अर्थ, धर्म, काम और मोक्ष को प्राप्त कर ही परिपूर्ण होता है। इन्हीं चारों को पाने और गाने का प्रयास मेरा भावुक मन करता रहता है- यह बहुत सहज और सामान्य है। इनको पाने की इच्छा होती है, पाने के लिए संघर्ष भी करना पड़ता है, बिना ईश्वर भक्ति के कोई संघर्ष सरल नहीं, संघर्ष और भक्ति से प्राप्त पुरुषार्थ सुखमय होता है। जीवन की इन्ही इच्छाओं को, संघर्षों के दुखों को और प्राप्त सुखों को मैंने अपने सीमाओं में रहकर गाने का प्रयास किया है।

इस काव्य संग्रह को "इस हृदय के निलय में" यह नाम देने का विचार इसलिए आया क्योंकि सब कुछ इस हृदय के घर में ही उपजता है, आकार लेता है और विलीन भी हो जाता है। यह मेरी प्रिय कविता, जो कि इस संग्रह में समाहित भी है, की प्रथम पंक्ति भी है।

इसके प्रथम खंड "इच्छा" में शुद्ध रूप से शृंगार की, प्रेम और विरह की कविताओं को रखने का प्रयास किया है। दूसरे खंड " संघर्ष" में मुख्यतः मानसिक संघर्ष और दार्शनिक प्रकार की कविताओं को रखा है। तीसरे खंड "सुख" में पूर्णतः सुख स्वरूप श्री राम को याद किया है।

कुछ मित्रों का मानना है कि श्री राम को गाने वाले को काम को नहीं गाना चाहिए अर्थात शृंगारिक गीत नहीं लिखना चाहिए। उनका सोचना कुछ हद तक ठीक भी है.. लेकिन

लेकिन मेरा व्यक्तिगत सिद्धांत तो यही रहा है कि अपने मन के विविध भाव-धाराओं को रोकने से अच्छा है.. उसे बहने देना और अंततः ईश्वर के चरणों में झरने देना।

सबके ममता ताग बटोरी ।

मम पद मनहि बांध बरि डोरी। - बाबा तुलसी

(श्री राम विभीषण जी से कहते हैं - मनुष्य को चाहिए कि हर प्रकार के मोह-ममता-प्रेम के धागों को एक साथ बटकर डोरी बनाकर मेरे चरणों में बाँध दो।)

इस सिद्धांत के अनुसार ईश्वर से जुड़कर क्रोध, अभिमान और प्रेम और विरह के विविध रूप , सब सात्विक हो जाते हैं।

कविताएं तब अधिक रोचक और पठनीय बन जाती है जब उसमें रहस्य हो और उसमें अनेक अर्थ देने की क्षमता हो। मेरी कुछ कविताएं रहस्य लिए है.. ताकि हर कविता प्रेमी अपने अनुभव के अनुसार अपना अलग भाव भी ग्रहण कर सके। रहस्य तो आकर्षण का मूल है। सुधि पाठकों को यह काव्य संग्रह पसंद आएगी, इस आशा के साथ जनता जनार्दन के समक्ष इस अकिंचन का यह काव्य-पुष्प अर्पित है।

जय हो !

राज कुमार जायसवाल
ग्राम- पुरगाँव , जिला- सारंगढ़-बिलाईगढ़
पिन- 493338
मो. 8889847173
ईमेल- rajj88817@gmail.com

इच्छा

1. वंदना

जय-जय हो वाणी, जग कल्याणी, देवी माँ कल्याण करो।
शुभ ललित कला दो, गीत भला दो, कंठ-स्वरों में प्राण भरो।
मति-मन अविचल हो, मनन सरल दो, क्रोध, दम्भ पाषाण हरो।
यह नित्य सताता, चुभता जाता, मोह दुष्ट पर बाण धरो।

❧ ❧ ❧

जगती-तल पावन, सुखद सुहावन, बन जाए वह ज्ञान कहो।
शुभ छंद सुखद नव, जो दे गौरव, काव्य कला लय तान कहो।
मति की जड़ता को, दूर हटा दो, पूर्ण करे वह मान कहो।
नीरस मन बंजर, बरसो झर-झर, सरस-सरस वरदान कहो।

❧ ❧ ❧

हम दास तुम्हारे, देश पुकारे, भारती! भारत भाग जगे।
निज संस्कृति गौरव, के प्रति नव-नव, जन-मन में अनुराग जगे।
कविता-अनुरागी, हों बड़भागी, विषयों से वैराग जगे।
गुण की गाहकता, प्रति-मादकता, अवगुण-गण का त्याग जगे।

❧ ❧ ❧

तुम सुंदरतम हो, मन मधुरम हो, भोली भाली बोली तव।
शुभ कण्ठ कला कल, जैसे कोयल, कोटि-कोटि करते कलरव।
कवि "राज" कहे यह, राजकवि वह, बने मिले मति का वैभव।
जो भजे तुम्हें नित, रहे प्रशंसित, प्रेम जगे तब राम चरण नव।

2. इस हृदय के निलय में

इस हृदय के निलय में न लय थी कहीं,
मैं बिना छंद के काव्य जैसा रहा।
इक उफनती नदी के सरल धार सा,
कुछ इधर को बहा कुछ उधर को बहा।

तुम मिले, उलझने सब सुलझने लगी।
धड़कनें धुन बनी रोज बजने लगी।
एक था, धूप थी और वीरान था,
तुम चले साथ में राह सजने लगी।

कामना की धरा में बनी कामिनी,
भावना-स्वर्ग की स्वामिनी भी बनी।
जब समय के गगन से सितारे हटे,
तुम घनी चाँद की चाँदनी भी बनी।

मैं वियोगी, विरागी, कई रूप में,
भटकता ही रहा अब ठहर सा गया।
रिक्त था "राज" का यह हृदय-ताल-तल,
प्रेम-जल से वही आज भर सा गया।

3. प्यार का मनुहार

कर चुका सौ बार तुमसे प्यार का मनुहार साथी!
अब तलक तुम स्वप्न ही थी आज हो साकार साथी!

यह लटकते लट तुम्हारे छा चुके कई बार मन में।
भीग जाता मैं रहा हूँ, प्रेम रस वर्षण गहन में।
बिजलियों सी मुस्कुराती हँस मुझे देखा करे थे।
यों कहर बरपा रही थी पाँव डगमग थे डरे थे।

बह रही थी, बह रही है, भावना की धार साथी।
डूबकर यूँ लग रहा है अब हुआ हूँ पार साथी!

रोज अर्जुन सा बना मैं ऑंख तेरी देखता था।
रोज घायल हो रहा था यह कहाँ मुझको पता था।
बाण तेरे नैन के प्यारे धनुष से छूटते थे।
पुष्प-बाणों से नरम यह चैन मन का लूटते थे।

इस तरह से लूट तुमने है किया उपकार साथी!
अब तलक भारी हृदय था, अब हटा है भार साथी।

4. तुमको याद किया जब भी

एक सदी ठहरी गुजरी है, तुमको याद किया जब भी।
एक नदी गहरी उतरी है, तुमको याद किया जब भी।

बहते-बहते प्रिय धारा में,
चिकना तन पाषाण हुआ।
मन में हरियाली सी छाई,
भीगा रसमय प्राण हुआ।
भीगा कंठ चक्षु यह चोला,
कांप रहे होठों ने बोला,
प्रणय निवेदन पीर भरी है, तुमको याद किया जब भी।

जीवन के नभ से सूने में,
इंद्रधनुष सी छाती हो।
एक हिरन बन जीवन वन में,
इत-उत आती-जाती हो।
चंचलता भरकर कण-कण में।
यादों के उन नीरव क्षण में ।
हलचल सी फैली पसरी है, तुमको याद किया जब भी।

योगी जैसा ध्यान लगाकर
त्याग चुका माया दर्पण ।

कितने सुख की इच्छाओं का,
करता आया हूं तर्पण।
तर्पण में कुछ तड़पन भी है।
अर्पण में कुछ अड़चन भी है।
द्वंद्व चाह उभरी-उभरी है, तुमको याद किया जब भी।

❦❦❦

तुम ठहरोगे, जब आँखों में,
और फड़कती बाँहों में।
चाहों को वरदान मिलेगा,
फूल खिलेंगे राहों में।
हार हृदय तुमको जो पाऊँ।
चुन चुन कर मैं हार बनाऊँ ।
भरी-भरी अँखियाँ गगरी है, तुमको याद किया जब भी।

❦❦❦

5. तुम्हें गर समंदर कहूँगा तो डर है

तुम्हें गर समंदर कहूँगा तो डर है,
कि खारा नहीं हूँ कहोगी प्रिये तुम!
मगर ये सही है कि तुमसा नहीं है,
जमाने में इतनी कोई खूबसूरत।
बिना बाल गूँथे, जरा गाल धोकर,
महज मुस्कुराती रहोगी प्रिये तुम!
मिलेगी नहीं, कुछ सजाए बिना ही,
लजाने में इतनी कोई खूबसूरत।

❧❧❧❧

❧❧❧❧

कमल की कली सी लली सी पली हो,
कि जग की बुराई नहीं पा सकी हो,
खिली ही नहीं हो अभी पूर्णता से,
मगर पूर्ण हो हर तरह से गुणों में।
सभी कल्पनाएं शिथिल हो चुकी हैं,
कि उपमान सारे पुराने हुए हैं,
सरग-अप्सरा भी तभी मैं कहूँगा,
अगर पूर्ण हो हर तरह से गुणों में।

❧❧❧❧

चरण चूमकर चांदनी को भरम हो,
कहीं चांद के पैर ये तो नहीं हैं,
कि ऐसी सुघरता, चमकदार चिक्कन,
जरा चौंककर वे चमक सी पड़ेगी।
कहेंगे कविजन अरे! तुम वही हो,
जिन्हें कल्पना में ही देखा कहीं हैं,
अगर साथ दो राह में जिंदगी की
अंधेरी गली भी- दमक सी पड़ेगी।

6. प्रीत गीत सा होवे

सुलझी बातें हों छंदों सी,
लय-माधुर्य न खोवे।
इस जीवन में तेरा मेरा, प्रीत गीत सा होवे।

शब्द चयन हो सुंदर-सुंदर,
तुक हो अपनी बातों में।
यति बनकर विश्वास हमारा,
गति हो जाए नातों में।

आघातों में, प्रतिघातों में,
स्वर सुर में ही खोवे।
सुख में, दुख में तेरा मेरा, प्रीत गीत सा होवे।

गीत वही जो यक्षराज के,
कल कंठों से उतरा था।
गीत वही मोहन मुरली में,
राधा के नाम भरा था।

जो गाकर उर्वशी विरह में,
पुरूरवा जी रोवे।

व्यथा-कथा में तेरा मेरा, प्रीत गीत सा होवे।

सबकी अपनी-अपनी गाथा,
अपनी भावों की धारा।
रूखेपन के रेगिस्तां में,
फिरना क्यों मारा-मारा।

कर्कश वाणी नागफनी सी,
क्यों खेतों में बोवे।
हृदय भूमि में तेरा मेरा, प्रीत गीत सा होवे।

7. नींद सा उसका असर है

नींद सा उसका असर है आ गई, तो आ गई है।
कौन रोकेगा उसे जो तन बदन में छा गई है।

हम नशे से दूर रहते,
हो गया अभिमान हमको।
मान लेना भी नशा है,
ये रहा न ज्ञान हमको।
मन नहीं माने गलत है, वह इसे जो भा गई है।
कौन रोकेगा उसे जो तन बदन में छा गई है।

है सिसकती स्वांस कंठो
में भटकते भाव अपने।
घाव को नित ही खुजाकर
भर रहे हैं घाव अपने।
बुद्धि को सुस्ती सिखाकर भावना भरमा गई है।
कौन रोकेगा उसे जो तन बदन में छा गई है।

हम समझते हैं सभी कुछ,
पर नहीं बस चल रहा है।
हम ठहर उन पर गए जिस,
पर हृदय चंचल रहा है।

देख कर मन की दशाएं सादगी शरमा गई है।
कौन रोकेगा उसे जो तन बदन में छा गई है।

8. एक लड़की

चेतना, मृदुल गरिमा की,
सौंदर्य लिए वह आई।
सज्जा-लज्जा की मूरत,
बनकर जग में मुसकाई।
उलझे कुंतल केशों को,
जब-जब सजती सुलझाती।
बिखरे - उजड़े हर घर को, मानो वह सहज सजाती।

उसका हँसना मानो है,
जीवन में जीवन भरना।
या फिर सूखे पत्थर पर,
झरना का झर-झर झरना।

उसका चलना सर्जन है।
उसका क्रंदन गर्जन है।
वह धरा धार सी बहती, क्यों रुके? गलत वर्जन है।

माथे बिंदी कर कंगन।
सुनकर पायल की छन-छन।
वैराग्य छोड़ते योगी,
दर्शन कर भूलें दर्शन।

माना उसकी काया में।
आकर्षित हो माया में।
वे भी जलते, जो सोते, मृदु शीत शरद छाया में।

❧❧❧

उसकी उठती नजरों पर,
गिर जाता है इंद्रासन।
वह सत्य सत्यभामा सी,
बस में कर लेती मोहन।
वह पिता-मात की प्यारी,
वह सुंदरता में साड़ी।
वह धरा-गगन सी पावन, वह सृष्टि-लता की बाड़ी।

❧❧❧

वह कमल सरीखी कोमल।
वह सरल प्रेम निर्मल जल।
वह रेत रात की रूखी-
सूखी नदियों का आंचल।
वह चंचल चिड़िया जैसी,
भरती सूने आंगन को।
गीतों सी निज बातों से, नित मोह रही जन-मन को।

❧❧❧

वह देह नहीं केवल है।
वह भाव विवेक प्रबल है।
वह नभ-गंगा से विलगित,
सावन का पावन जल है।
युग बीता, बदल रहा है,
अब नहीं स्वयंवर होता।

पौरुष, शिक्षा, मानवता, परिणय का मंतर होता।

अब नहीं द्रोपदी होती,
ना पार्थ धनुर्धर होता।
उसके मन को जीते जो, वह ही सुंदर वर होता।

9. पूर्णिमा का चांद

शब्द छूकर छोड़ जाते छाप मन पर इस तरह।
पेड़ को ठंडी हवाएँ बह हिलाती जिस तरह।
धूप के मौसम में भी ताजगी ही ताजगी है,
आपकी बातों का जादू, हम बताएं किस तरह।

❧❧❧

हो गया दर्पण पुराना मन समय की धूल से।
गिर गए जो शब्द उस पर आपके कुछ फूल से।
हो रहा फिर से नया यह पा नयापन आपका,
अब नही यह चाहता होना पुराना भूल से।

❧❧❧

हाथ पर सूखे हुए मेहदी हुए सुंदर सभी।
इस तरह के हाथ उनके हाथ ना आया कभी।
रात सा काला मगर फब रहा है वस्त्र यह,
पूर्णिमा के चांद ने आज जो पहना अभी।

10. शाम हुई नैनों के आगे

शाम हुई, नैनों के आगे कितने चिंतन जागे।
बंद हुई हैं, आंखें फिर भी मन चंचल यह भागे।
कई दिशाएं दिखती मुझको, नई-नई आशाएँ,
कैसी माया, कैसा बंधन, सब कुछ प्रिय ही लागे।

खेल-खिलौने सारे जग के कितने सुंदर प्यारे।
हमने मन को जितना जीता, उतने ही हम हारे।
इसीलिए संकोची मन का अंबर हमने खोला,
नियति निशा है गहरी जिसमें सुंदर सपने तारे।

चाहे कितनी दूर चलूं मैं, पकड़ूं जितनी राहें।
एक नहीं हैं बस में फिर भी सौ-सौ मन की चाहें।
चाहे ठोकर ही खाऊंगा अंतिम यह परिणाम रहे,
गिर जाऊं तो भी थामेंगी श्री रघुवर की बाहें।

11. सो जाती हैं आंखें जब भी

सो जाती हैं आंखें जब भी,
जगते रहते सपने।
होंठ स्वत: लग जाते हैं तब,
नाम किसी का जपने।
भरी भीड़ में छलियाओं के,
छोड़ा खुद को तपने।
फिर जिनसे भी छांव मिला ,
माना हमने वे अपने।
दुर्जन मिल जाते हैं चलते,
छलते और मचलते।
धान उगाना पड़ता है,
खरपतवार निकलते।
सज्जन का मिलना लेकिन,
वैसे दुर्लभ होता है।
तभी विभीषण हनुमत से मिल,
मुदित हुआ सा रोता है।
धुलता मन का पाप स्वयं।
मिटता तन का ताप स्वयं।
जैसे प्रियजन के भीतर में,
मिलते रघुवर आप स्वयं।
निच्छलता की नमी जहां पर,
रहे सदा ही छाई।
और कपट का जमता ना हो,
जरा कहीं भी काई।

उनके मन की चमक दमक,
छवि में रहे समाई।
जग से हटकर उनकी आभा,
उनकी वह सुघराई।

संघर्ष

12. जिंदगी में सादगी-संजीदगी कम हो नहीं

जिंदगी में सादगी संजीदगी कम हो नहीं।
बंदगी हो जिंदगी की जिंदगी कम हो नहीं।

भीड़ में अपने किसी से हो गई जो भूल भी,
"बात छोटी है" बताएं, यह ठगी कम हो नहीं।

"आप आते ही नहीं हैं" "आप खाते ही नहीं"
बोल के नाराज हों नाराजगी कम हो नहीं।

हों पुराने या नए सब फूल हैं, मत धूल दो,
मित्रता के बाग में से ताजगी कम हो नहीं।

रो रहे को जो हंसा दें, वह सुहानी बात हो,
जो लगी दिल की मिटा दे, दिल्लगी कम हो नहीं।

हम भले हों या बुरे हों, राम के हर हाल में,
भावना भगवान पर इक बारगी कम हो नहीं।

❧❧❧

मानते हैं जो हमें या हम मनाते हैं जिन्हें,
बात उनकी मान लें बेचारगी कम हो नहीं।

❧❧❧

"राज" तू बीमार था तो रात भर जागी कभी,
माँ अगर बीमार हो तो रतजगी कम हो नहीं।

13. हार नहीं है

इस जीवन में हार नहीं है।
हारे का संसार नहीं है।
भावुक होने का मतलब है,
पीड़ाओं में पलना।
अपने आंसू गीत बनाकर,
मन में मलहम मलना।
सब को धन की चाह यहाँ पर,
फिर भी खुद को छलना,
प्रेम हृदय की मुक्त भावना, कोई कारोबार नहीं है।
इस जीवन में हार नहीं है।

धन्य वही जिनको मिलते हैं,
पीड़ाओं के साथी।
सुख-दुख के झूले के संतत,
क्रीड़ाओं के साथी।
जीवन भर कंधे पर पड़ते,
बीड़ाओं के साथी,
बिन ढोए बोझा नियति का , दुनिया से उद्धार नहीं है।
इस जीवन में हार नही है।

अभिलाषाएं-आशाओं की,
जलती लाख चिताएँ।

अपना दुख रोने को आखिर,
किस कंधे को जाएँ।
अंतर्मन की चोट परख ले,
वैद्य कहां हम पाएं,
पीर सहे बिन इन घावों का, लगता अब उपचार नहीं है।
इस जीवन में हार नहीं है।

हार हार हर बार उठा हूँ,
जीत गया मैं थककर।
मगर जीत के बाद अभी तक,
आता रहता चक्कर।
मन का लोहा गला नहीं है,
हुआ नही तन जर्जर।
मेरे पौरुष को डरने का, तनिक अभी अधिकार नहीं है।
इस जीवन में हार नहीं है।

जग की आंखों में अच्छा है,
वैसे अच्छा होना।
पर सबको खुश करने हेतु,
कैसे अच्छा होना।
दो धारी तलवार बहुत कुछ,
जैसे अच्छा होना,
स्वाभिमान पर वार कभी भी, किंचित भी स्वीकार नहीं है।
इस जीवन में हार नहीं है।

अर्थ, धर्म या सतत कामना,
मोक्ष सभी कुछ पाना।
कल का नहीं ठिकाना फिर भी,
मैंने हठ यह ठाना।
किसके दम पर, अपना क्या है?
रघुवर राघव गाना।
आंसू को मोती कर देते, कम उनका उपकार नहीं है।
इस जीवन में हार नहीं है।

14. गाँव का साँवला

.....गाँव का साँवला छाँव सा साँवला।
धूप सी रूप में खो गया बावला।

इक शहर है नया रूप तेरा घना,
खो गया, क्या पता मैं किधर को चला।

चाँदनी रात में भीगता, जागता,
सोचता क्या कहूँ , याद में मैं जला।

इक तुम्हें देखकर लिख लिए छंद हैं,
मैं कवि बन गया, तुम बनी हो कला।

बर्फ सा मैं जमा, तू नदी सी बही,
साथ तेरे बहूँ, तो भला ही भला।

भावना-सूर्य यूँ स्वप्न्न के व्योम में,
उग रहा रोज है, रोज ही है ढला।

"राज" ये मन तुम्हीं पर ठहर जो गया,
लोग फिर भी कहें मैं हुआ मनचला।

15. काँच के जार में

काँच के जार में, दो चार
मछलियाँ।
चारा है, पानी, पर बे-धार
मछलियाँ।
सीमाओं में तैर रही लाचार
मछलियाँ।
सुंदर हैं, पर लगती हैं बेकार
मछलियाँ।
जीवन का सीमित हो जाना,
खलता रहता है।
सूरज उगता है फिर भी जीवन
ढलता रहता है।
कौन करे आजाद इन्हें,
मनोरंजन के रोगी,
या तो मारे जाएंगे, मिल जाए
जो भोगी।
सब कुछ परवश, मन चंचल है,
लेकिन पानी कम है।
"जीवन जी लेने को साथी! एक
जवानी कम है।"
कहती रहती मछली, बहतीं
ठहरे जल में,
क्या आशा! क्या ही प्रत्याशा!
अब भी उनमें दम है।

तन-मन अपना मछली ही सा, तड़पन से जकड़ा है।
बंधे हुए पर पता नहीं है, किसने हमको पकड़ा है।
मिल जाए जो जीवन धारा कल-कल, छल-छल बहती।
ऐसे पानी की प्यास हमें है, मन की मछली कहती।

तन-मन अपना मछली ही सा, तड़पन से जकड़ा है।
बंधे हुए पर पता नहीं है, किसने हमको पकड़ा है।
मिल जाए जो जीवन धारा कल-कल, छल-छल बहती।
ऐसे पानी की प्यास हमें है, मन की मछली कहती।

16. धन्य

प्रतियोगिता में नम्रता जो हो अधिक तो दोष है।
कपटी अधिक मीठा कहे समझो सरासर रोष है।
जग को रिझाकर थक गए पर चैन है मिलता कहाँ,
जो राम का है हो गया उसको बड़ा संतोष है।

बनकर मनुज साक्षर हुआ शिक्षित नहीं किंचित हुआ।
गलियों में गाता गीत गाली मुख भरा है बददुआ।
वह जानवर सा जी रहा पढ़कर अपढ़ ही रह गया,
बेकार धरती - बोझ सा कहते सभी इनको मुआ।

वे धन्य हैं- गुण - ज्ञानमय अपराध जो करते नहीं।
जन के हृदय कटु-वाद से अवसाद से भरते नहीं।
हैं धन्य-कवि जग-हित सदा रचते कलामय काव्य को,
जो ईश को आराधते मरकर कभी मरते नहीं।

साहित्य का सागर अगर उर में भरा हो धन्य हैं।
जो जन्म से औ, कर्म से हिन्दू हुआ तो धन्य हैं।
माँ-बाप जिनके गर्व से इस लोक में, परलोक में,
सर को उठाकर चल सकें, संतान सब वो धन्य हैं।

17. एक पपीहा

देखो एक पपीहे ने.........
चिल्ला चिल्लाकर बादल को...
कितना ही परेशान किया है....
कितना अत्याचार किया ..
बादल बरस बरस कर बोला...
न उसने परेशान किया है
न मैंने उपकार किया ।
वह तो केवल प्रेमी है,
उसने केवल प्यार किया।
प्यास बुझाने लाखों झरने,
लाखों सजल सरोवर हैं।
खारा सागर, मीठी झीलें,
उसका मोह न उन पर है।
प्रेम सहज नदिया सागर का ,
और कहाँ है थाह कोई।
धन्य पपीहा! छोड़ मुझे कुछ,
और नहीं है चाह कोई।

18. हीरे-मोती सम्हालो पर

हीरे, मोती सम्हालो पर पत्थर हैं ये ध्यान रहे।
हम किनके हैं, कौन हमारे बस इसका अभिमान रहे।

जिससे दुख मिलता है उसका उल्टा सुख दे सकता है,
नियम कभी भी इस दुनिया में इतने क्या आसान रहे।

सारे दुख का मूल, सही में, इस जग में निर्धन होना,
धन वाले भी रोते रहते इस विस्मय का भान रहे।

भाग्य प्रबल है, नदी बहेगी, चाहे कितना भी रोको,
धार मोड़ दो या बह जाओ, होंठों पर मुस्कान रहे।

मन पढ़ लेने का सबका ही, कोई भी मत जतन करो,
जिनको ये वरदान मिला है वे अक्सर परेशान रहे।

सबका मिलना और बिछड़ना नियत कभी तो होता है,
इसी भरोसे राम मिलन को आकुल शबरी - प्रान रहे।

"राज" लुटाकर सब कुछ मन का अर्पण कर डाला जिसने,
वह खाली मत समझो भीतर, भरा प्रेम पवमान रहे।

19. पापी

केवल तन माने, मन का
अपमान करे, वह पापी।
है सदा सजा का भागी,
चाहे हो महा प्रतापी।
जो जन बनकर दुर्योधन,
शासन करते नारी पर।
बैठे हैं दुःशासन से,
जो चीरहरण को तत्पर।
उनके वे कर कट-कट कर,
गिर पड़ैं, कठोर नियम हों।
हर नारी, दुर्गा उनको,
हर पुरुष लगे ज्यों यम हों।
इक अबला के क्रंदन पर,
जब हुआ महाभारत है।
इतना क्रंदन, हो दंडित,
मत लोक-शास्त्र सम्मत है।
नित समाचार सुनते हैं,
कानों में करुण कहानी।
दासी सी बन जाती है,
जो थी अपनों की रानी।
जो यह समाज मानव का,
दानव को स्थान भला क्यों?
तेजाब फेंकने वाला,
पापी अब तक न जला क्यों?

जिस सोच-भूमि में सच में,
नारी पीड़ित होती है।
वह बीज नाश के अपने,
समझो खुद ही बोती है।
विश्वास हुआ डगमग है।
जब छली गई पग-पग है।
तब बहुत भीड़ है डर का,
थोड़ा सूना जब मग है।
जगमग जिससे यह जग है,
उस ज्योति किरण को पाने।
सच नेह तेल आवश्यक,
सब जाने किंतु न माने।
जिसने दुष्कर्म किया है,
वह मानवता अपराधी।
उसको अधिकार नहीं है,
जीने का, पूर्ण न आधी।
लड़कों को सदा सिखाओ।
मारो, पीटो, मनवाओ।
"लड़की हो जिस घर की भी,
आदर आँखों में दिखाओ।"

20. हम तो पानी जैसे हैं

जहाँ तिजोरी खाली है होगी उसमें लूट कहाँ।
जो गरीब घर से आए वे बिगड़ें यह छूट कहाँ।

मन के पूरे लोग अधूरे अक्सर देखे जाते हैं,
मिल जाएं तो पूर्ण करें, होगी उनमें फूट कहाँ।

साफ दूध है प्रीत अगर कपट खटाई पड़ जाए,
बिक पाएगा मिलावटी थोड़ा सा भी झूठ कहाँ।

खेतों में ही बीत गया और गांव के रस्ते में,
छाले छाए पांवों में कहो जमेगी बूट कहाँ।

डंडे मारा करते हैं मन के छोटे लोग सदा,
हम तो पानी जैसे हैं होगी हममें टूट कहाँ।

21. मिलता नहीं बीच का रस्ता

मिलता नहीं बीच का रस्ता दुनिया में आसानी से।
कोई फरेब में गुम कोई खुश अपनी नादानी से।

लोग नहीं मिलते हैं खुलकर "हँसकर मिलने वालों से"
उनको शायद प्रेम हुआ है बस आंखों के पानी से।

आग लगी है तन-मन में क्या भीतर-भीतर जलता है,
रोज नहाया करता है ठंडी में ठंडे पानी से।

जिसने जगत बनाया सुंदर हम सबका मालिक है जो,
उनको पाने की ख्वाहिश है बकरी की कुर्बानी से।

पेशा, पैसा, पद का रुतबा, नमक सरीखे होते हैं,
मिलता है संतोष यहां पर सबको मीठी बानी से।

वह तो मन का राजा ही है, "राज" उसूलों वाला है,
एक रुपैया मांग रहा है जो लाखों की रानी से।

सुख

22. भारत के भगवान

मोर मुकुट सिरमौर, अधर धर बंशी प्यारी।
तिलक माथ मृदु हाथ, सदैव सुदर्शन धारी।
वैजन्ती गलमाल, वस्त्र पीतांबर पहने।
बांकी सुंदर चाल, रत्न गहने क्या कहने।

जो हैं माखनचोर, गोप- गोपिन के स्वामी।
कोटि काम छवि धाम, श्याम चितचोर नमामी।
मार कंस विध्वंस, किए दुष्टों के बल का।
बिना अस्त्र ही नाश, किए कौरव के दल का।

देकर गीता ज्ञान, वेद का सार बताया।
करम - धरम का चरम, मरम सबको समझाया।
भारत के भगवान, कृष्ण करुणाकर स्वामी।
राम रूप में आप, बनो मम उर पुर गामी।

23. जाग रहा है भाग्य आज

जाग रहा है भाग्य आज वह, सोया कितने सालों से।
फलित हुई सुख बेल बीज था बोया कितने सालों से।
हर्षित अवध नगर रघुवर का, देखो कितना सजा हुआ,
दिव्य पुरातन वैभव खोकर, रोया कितने सालों से।

स्वर्ग हारता था शोभा को देख नगर था ऐसा।
आज तलक गाई जाती है राम राज था वैसा।
जगतपिता खुद अपने घर में, भवन हीन, दुख भारी,
दिव्य भव्य मंदिर से भारत लगता भारत जैसा।

विश्व निरक्षर, तब वेदों का ज्ञान जहां पर आया।
जीवन क्या है, क्यों है, कैसा हो, जिसने समझाया।
उस भारत के नियति में हा! अंधकार था आया,
हटी गुलामी, फिर से हमने अपना गौरव पाया।

24. मेरे राम आए

जली दीपमाला उजाला उजाला, सभी ओर छाया, मेरे राम आए।
कि बरसो बरस तक, थकी आँख तक तक, अभी चैन पाया, मेरे
राम आए।

नदी सी बही है, दियों की नदी है, कि सरजू किनारे, मेरे राम
आए।
लगी भीड़ भारी ,जली ज्योत जगमग, कि अंखियों के तारे, मेरे
राम आए।

सजी आज गलियां, रंगी है रंगलियां, खिली बाग कलियां, मेरे राम
आए।
हुआ है अवधपुर, नगर नगर सब, बँटी मीठ डलियां, मेरे राम
आए।

खड़ी मंथरा है, खड़ी कैकई है, सभी के पियारे, मेरे राम आए।
बहुत दिनों तक, रहे दूर थे अब, भवन में पधारे, मेरे राम आए।

25. सुहावन लगा

वन गमन श्री रमन का हुआ था कभी
निज भवन में पधारे सुहावन लगा।
कालिमा पूर्ण थी आज जगमग हुए, इस गगन में सितारे, सुहावन
लगा।

इस धरा धाम में राम का आगमन
सिंधु का सीप में ज्यों समाना हुआ।
राम से राम हैं राम सा न कोई
हो सका है अभी तक, जमाना हुआ।
घोषणा हो गई, लाख दीपक जले, आज सरजू किनारे सुहावन
लगा।

शिव स्वयं ध्यान में रम रहे हैं सदा
जप रहे राम को संत संतत यहाँ।
रीझते देखकर आंख में जल जरा
द्वार उनके भुला के चलें हम कहाँ।
जो जगत के पिता आज बालक बने, बालपन को निहारे, सुहावन
लगा।

वीरता धीरता मित्रता बंधुता

दिव्यता भव्यता सभ्यता साथ में।
आ गए हैं सिमट विश्व के गुण सभी
"राज" के नाथ सीयवर रघुनाथ में।
हाथ में जो धरे तीर सारंग को अंग साँवर सँवारे सुहावन लगा।

जल उठे हैं दिए अनगिनत विश्व में
जल उठे देख के आज बैरी सभी।
जल बहे आंख से भक्त जन के अभी
आज साकार है स्वप्न देखे कभी।
तृप्त होते रहे प्यास बढ़ती रही, देख के ये नजारे सुहावन लगा।

26. मुझको अवध बुला लो राम

कितने सुंदर दिखते हो तुम,
कितने ताक रहे तुमको।
मेरे जैसे दूर खड़े हैं,
फिर भी झांक रहे तुमको।
नजर तुम्हें मत लग जाए अब,
यद्यपि हो पहले ही श्याम।
मेरे अवगुण का काजल लो, मुझको अवध बुला लो राम।

सब समझे हैं तेरा होकर,
जग से नाता टूट गया।
परमपिता का प्रिय होकर क्या,
मां का आंगन छूट गया?
कपट काग मन मेरा गाए,
दशरथ अजिर बिहारी नाम।
"मैं जूठन रोटी खाऊँगा, मुझको अवध बुला लो राम।"

मर्यादा पुरुषोत्तम हो तुम,
मुझको कुछ भी ज्ञान नहीं।

तुमसा हो पाने का, कण भी,
कर सकता अभिमान नहीं।
मैं तो केवल इतना जानूं,
जो कह दो, कर लूं वह काम।
चित बहुत चंचल वानर है, मुझको अवध बुला लो राम।

नरनाहर जगवंदन राघव!
धनुष भंग करना होगा।
जनकराज प्रण पालन करके,
जगदंबा वरना होगा।
वन जाओगे, मर्यादित हो,
खाली मत चलना गुणधाम।
मेरी जड़ता की पनही लो, मुझको अवध बुला लो राम।

27. ब्रह्मज्ञानी

हो गया है ज्ञान उसको ब्रह्मज्ञानी सा,
हर किसी को शीघ्र अपना मान लेता है।
मानवों में देवता सा जान पड़ता है,
जानवर का दर्द भी वह जान लेता है।

जान अपनी दे सके वह देश के खातिर,
"मातृभू भी मातृवत है" ठान लेता है ।
फोड़ता है बम नहीं वह स्वर्ग जाने को,
"स्वर्ग से बढ़कर धरा" पहचान लेता है।

पद नहीं, पैसा नहीं, ऐसा नहीं वैसा,
"हर मनुज है बस मनुज", यह ज्ञान देता है।
सिद्ध हैं सिद्धांत उसके, युद्ध क्या करना ,
दुश्मनों को दोस्त सा सम्मान देता है।

28. किसी द्वार पर और जाना नहीं हैं।

किसी द्वार पर और जाना नहीं हैं।
किसी को अरज यह सुनाना नहीं हैं।
जनम से अभी तक मुझे यह पता है,
कि तेरे सिवा कुछ ठिकाना नहीं है।

कि अभिमान इतना चढ़ाए रहूँगा।
कि है राज किसका? "तुम्हारा" कहूँगा।
कहूँगा यह जीवन दिया है तुम्हारा,
किसी और को और गाना नहीं है।

तुम्हीं एक भ्राता, पिता-मात मेरे।
कवच बन जगत में रहे मुझको घेरे।
रहे प्रेम अपना अमर यूँ सियावर!
बताना सभी को छिपाना नहीं है।

किसी दिन कहोगे जरा मुस्कुराकर,
"मुझे याद कर के, हुआ राज मेरा"
सभी कुछ मिलेगा, मुझे चाहिए जो,
कहूँगा मुझे और पाना नहीं है।

29. न कर्म का, न धर्म का

न कर्म का, न धर्म का।
न ज्ञान का, न मान का।
न आश पुण्य काम का,
न धान्य का न ध्यान का ।
न देवता, न दिव्यता,
न रूप रंग सभ्यता।
न शीलता न धीरता,
न वीरता न रम्यता।
न देह का न नेह का,
न नाम का न गेह का।
न क्रोध परशुराम सा,
न मुक्तपन विदेह का।
न शौर्य- धैर्य-तेज का,
न भोग राग सेज का।
न साध्य सिद्ध संपदा,
न दैव के दहेज का।
विशाल बल गजेंद्र का,
न राज ही महेंद्र का।
भरोस एक "राज" को,
कृपालु राघवेंद्र का।

www.ingramcontent.com/pod-product-compliance
Lightning Source LLC
Chambersburg PA
CBHW021138130726
47988CB00003B/1364